Desde Mi Ventana...

Manuel Silva Escalera
El Paso, TX, 2000

ISBN: 0-75961-478-4 (sc)

1stBooks - rev. 2/27/2008

EN ESTE LIBRO

Desde Mi Ventana es una pequeña obra que expresa mi punto de vista sobre temas difíciles de comprender para mí: la **vida**, el **amor**, y mi querida **familia**.

También en este libro he tratado de encontrar miles de respuestas a estas inquietudes a través de la bella poesía. ¿Y qué he encontrado? Un poquito de todo: derrota y triunfo; decepción y felicidad; la gloria y el infierno; todo y nada; así he sentido la vida *Desde Mi Ventana*.

Por último, y en forma de prosa, relato una historia personal y traumática pero con sabor a triunfo de mi batalla campal contra el temido cáncer. Mi único fin aquí es dejar a mis hijos un ejemplo de que siempre debemos pelear contra toda adversidad--- luchar hasta el fin.

CONTENIDO

AL AMOR...

A LA VIDA...

A LA FAMILIA...

UNA HISTORIA Y UNA CANCION

DEDICATORIA

Por que estuvieron conmigo en la peor crisis de mi vida allá en el año del '84, dedico este libro a Dios; a mis padres, papá el "Caballo" y mamá Hortensia; mis hijos Manuel Jr. y Hugo; a la madre de ellos, Lucy; de la familia Venegas, a mi Madrina Tichi, prima Angie, su bebita y mi mamá Fina; tíos Héctor y Marcela; de San Diego a los esposos Tony y Esther, la Sra. Alacios, Pastor Peach, y al Teniente Coronel quien en ese entonces fungía como mi Comandante de Batallón de *Marines*; y por último a los doctores Guzley, Fernholz, Einhorn y Sierra… A todos mi más sincero y eterno agradecimiento.

PREFACIO

¿Por qué escribo lo que escribo?
No pretendo ser un Darío, un Dante,
ni el Rey de los Hidalgos… Don Quijote.
¡Sólo lo que escribo sí pretendo ser!
Por que sólo así la vida sé sentir,
mientras en los versos vuelvo a nacer
y a mi duro corazón logro complacer.

Aún así versos de un poeta sin clamor,
me complace sean de un tonto soñador;
sólo así logro desplazar lógica y razón,
y sentir los lejanos bordes del universo,
que inesperados brotan verso en verso:
legado de mis sueños y terca inspiración
que llega a veces inesperada y sin razón.

Y en mi poesía de carácter muy personal,
en los versos rimo para bien o para mal,
lo que mi mente exige y corazón ansía:
misterios de mujer, amor y vida,
y mi familia, de todo la más querida.
A Dios perdón le pido… ¡Ay de mí poesía!

¿Cuándo llegará ese día?
****

DEL AUTOR

Soy quien soy, absorto en mente,
plasmado en alma y nunca en vida,
en este mundo ¡loco! siglo veinte
de muchos logros: Luna, Marte y SIDA.[*]

Soy quien soy, sigiloso desafío
al mal de amores por cual transito;
si al mundo Bécquer y sus rimas confío,
¿por qué en Gaia amor germina y no le invito?

Soy quien soy, ¿y amor, tú quién eres?
¿Acaso Eros que nos lleva a la pasión?
¿O de hermanos Filis y de amigos Píos eres?
¿O serás Agape que nos lleva a la oración?

Soy quien soy, cometa sin control,
a Marte siempre voy, mi amor Virgo es;
explotan mil nébulas, enrojece viejo Sol,
Orión reemplazo, Pléyades mía es…
Seré quien soy ahora y siempre:
   Tonto soñador,
   poeta sin clamor,
   incesante pensador,
   Romeo estafador,
   caballero andante,
   trovador parlante,
   ni Darío o Dante,
   piedra rodante
Soy quien soy, seguiré en mi eterno soñar,
con sentires que decir, estrellas que alcanzar,
versos que rimar y baladas que cantar….
C'est la vie, ¡siempre habrá a quién amar!

---

[*]Luna: Apolo 8, 1968. Marte: Viking 1976. SIDA: 1980's

Al Amor...
París '98

AMOR PROFUGO

El tiempo ya ha pasado….
Vago con el corazón cansado
y de desilusión morado
por un amor desesperado.

Fue amor de ternura,
inocente y de locura,
pero no ese que perdura
cuando uno madura.

Un sueño fuiste,
tu amor me diste,
e inocencia entregaste
nada mc limitaste….

Los años pasaron,
las nostalgias surgieron,
mis sueños vagaron,
tus recuerdos me quedaron.
****

Manuel Silva

QUERIDA, CUANDO AMAS…

Entras en un mundo místico de colores,
bello, exótico, lleno de ilusiones,
donde el enfoque es a las pasiones,
corazón, y no entran lógica ni razones.

Llevas siempre contigo una llama
en el pecho que te quema,
te apasiona, te ilusiona,
te da vida y a la vez te condena.

Te condena a vivir en los extremos,
vives en la Gloria o en los infiernos,
por el solo hecho de que en el amor
no hay punto medio; das todo sin temor.

Entregas todo, absolutamente todo:
la vida, la familia, tu viejo mundo,
costumbres, amigos, el corazón,
y hasta a veces pierdes la razón.

Por eso a el peligro desconoces,
por amor prohibido no te vences,
ni por el "que dirán" te desvaneces…
¡Sólo de amor vives por que lo sientes!

Sientes a tu amado siempre presente
en tu corazón, en tu sangre, en tu mente,
cada minuto, hora, cuando amanece,
al atardecer ¡pero más cuando anochece!

Cuando amas te es imposible traicionar,
siempre perdonas, te dejas amar,
no pones obstáculos, limitantes,
ni das lugar a los celos inestables.

Cuando amas el pasado entierras,
por el futuro ya no te desesperas,
y nomás en el presente vives, gozas,
mientras tu amado te dé amor y rosas.

Cuando amas experimentas algo nuevo,
algo que a veces no tiene sentido,
ni puedes explicar, pero te da motivo
para seguir adelante con tu amado.

… Y al invierno con él deseas llegar,
a ese mundo de colores e ilusiones,
de verdadero amor sin condiciones,
donde la felicidad se puede lograr.

Cuando amas… en otro mundo vives.
****

Manuel Silva

CREO QUE...

Las estrellas en el infinito se apagarían,
los océanos sin agua secos quedarían,
las blancas nubes del cielo se opacarían,
todas las hermosas flores se secarían,
y la luna y el sol de mí se esconderían….

Sucedería si tus besos, caricias y ternura
que tú me has dado, a otro tu ser diera,
mientras de celos mi ser se destruiría
por que mi corazón sin ti ya no viviría.

Eso y más, preciosa, si tú te vas…

Aún así ¡siempre habrá poesía!
****

VERSOS PROHIBIDOS

Dejemos lo más añorado y amado
enterrado en nuestro corazón,
perturbándole loco, sin latido
y sin sentido ni razón,
- por un amor prohibido -

Soñemos que nos amamos
y hasta desnudos en pensamiento
amor sin límite nos entreguemos
el uno al otro sin juramento
- por que es amor prohibido -

Pero que quede bien grabado,
lo que solo en sueños suplicábamos
no fue cosa de un pasado imaginado.
¡En carne propia nos amábamos!
-aunque fuera amor prohibido –

… Por que en la guerra y el amor
nada está prohibido….
****

Manuel Silva

SERENATA DE MEDIA NOCHE

Soñé, o me imaginé quizás,
que en mis brazos dormías
mientras la media noche entraba;
tu corazón latente suspiraba
en mi pecho que ya se agitaba.

A media luna tu rostro yo miraba,
y tus ojos cerrados yo besaba….
Era tu piel hecha para tocarse
que en mis sueños yo deseaba
mientras tu amor buscaba.

Y en esa media noche de vela,
te veía y sentía aún más bella;
tu cuerpo deseaba en esa noche
pues de amor hacías derroche
y sublime tu ser me entregabas.

Pero llegaba la hora de partir,
la luna a su lecho celestial veía ir,
dorado el sol tu cuerpo ya acariciaba
mientras de celos me sentía morir
y desesperado me ponía esto a escribir.

Soñé, o lo desié, quizás…
¡Pero habrá una media noche!
****

EN MIS BRAZOS

En mis brazos dormías, preciosa,
mientras tu cuerpo acariciaba
y con lentos besos te palpaba…
¡La mirada no te la quitaba!

En mis brazos te estrechaba
y tus tenues suspiros escuchaba
mientras tu piel recorría
con mis labios ese día.

Ah, ni lo creía,
tan cerca de mí ese día…
¡En mis brazos te tenía!
y soltarte ya no quería.

Hasta incrédulo pensaba
si real eras, quizás soñaba,
o mis ojos me engañaban …
Pero mis caricias te buscaban.

Y no olvidaré el "te quiero"
cuando de amor suspiraste;
palabras que de ti adoro…
¡Que bello recuerdo me dejaste!
****

Manuel Silva

¿DONDE ESTARAS?

De veras quisiera que supieras
que el tiempo pasa, no estás,
y olvidarte quisiera y no puedo.
Me desespero y me da miedo
de pensar con quien estarás.

Hasta con el viento quisiera
escabullirme para que me volara
a ti, y así poder volver a acariciar
tu esbelto cuerpo y labios besar
aunque sólo brisa del viento fuera.

Todas las noches en las estrellas
te busco ¡pero no te encuentro!
Y aunque son todas demasiado bellas,
siento que sin ti muy lejos muero
allá en el infinito junto a ellas.

Siento la noche demasiado inmensa
por que no estás conmigo, aquí,
a un lado, y siento que sin ti
el aire me asfixia, mi alma se cansa,
mi voz se calla y el corazón me oprime…

He buscado en las estrellas tu ser,
tu cuerpo, caricias, tranquilidad,
pero me duele no saber la verdad
de lo que sientes hoy, lo nuestro,
por que para mí sólo fue ayer…..
¡Y no te olvido!
****

TE EXTRAÑO

Pienso en ti en cada momento,
en cada segundo, hora, minuto,
día, semana, mes, y siempre.
Te has metido dentro de mi sangre,
en mis venas, en mi corazón,
y muy dentro donde mora la razón.

Pienso en ti cuando amanece,
al medio día y cuando anochece,
pero más en la soledad de la noche
que en sus sombras hace derroche
de una enorme soledad sin ti,
y deseos de que estés aquí.

Pienso en ti, mi Afrodita querida…
Espero que no seas la despedida
de hermosos recuerdos de locura
(nuestra bella noche obscura),
cuando sin límite nos amábamos
y de puro amor explotábamos.

Pienso en ti…
****

Manuel Silva

OLVIDARTE

¡Mi cruel castigo es olvidarte!
Quizás ya nunca más amarte
como en la bella noche obscura
cuando perdíamos la cordura.
Pero tenerte dentro, conmigo,
siempre será mi castigo…
¡Cómo me duele tu ausencia!
a otra encarnas tu presencia
más cuando suspira, ama y besa.
¡Tu ausencia pesa!
Tu ternura, caricias, suspiros,
¡ay de mí! tu voz, suspiros
que ya de ti no oigo…..
Por que ya no te tengo,
hoy, regreso a mi vacío,
profundo, pero me río…

El amor es tu ausencia…
****

DESPEDIDA

Sin ti es triste el atardecer,
aún más lo es el anochecer…
Apenas te acababa de conocer
cuando te me ibas al amanecer.

Lejos te marchaste de mi vida,
y me causaste una despedida
que me dejó huella sin salida
y el alma pero bien partida.

Pero como el marino que fui,
de muchos puertos partí
y muchas fueron las despedidas,
pero la tuya de las más dolidas.

Sabes bien que no te olvidaré,
y quizás otra vez no te veré,
pero donde te conocí ya no volveré,
si no estás, ¿para qué ?
****

Manuel Silva

PARA OTRO DIA

Como duele la despedida
cuando es para toda la vida:
te vas mi dulce amada,
y el ayer se hace nada,
solo vacío, sólo desesperación
y memorias para una canción…

Pero todavía hay poesía,
y una mujer para otro día,
para otra noche más,
y ponerme ebrio además,
para no recordarte, amada,
¡recordarte para nada!

Pero así es la vida en el amor,
a veces lo ganas sin honor,
o lo pierdes con terror…
Hoy son las de perder,
pero nunca habrá que ceder
mientras haya poesía,
y una mujer para otro día.
****

AMA UNA VEZ MAS

Te conozco muy poco querida,
pero ya ves como es la vida,
a veces dulce y muy divertida,
pero a veces nos causa una herida.

Esa herida en tus lindos ojos reflejas,
tu expresión sin llanto ni quejas,
me dice que de tu tierno corazón alejas
un primer amor que en tus tierras dejas.

Por esos senderos ya anduve,
y a mi princesa amé y tuve,
pero toda herida sana y se olvida
cuando amas una vez más en la vida.

Hoy, deja penetrar en tu joven corazón
a un amor, ¡pero lleno de pasión!
No dejes al pasado matar esa ilusión,
¡sin amor perdemos toda la razón!
****

Manuel Silva

AMOR Y LOGICA

Si en tu corazón moran
sentimientos intangibles,
románticos que enamoran,
místicos e infalibles,
abandona terca lógica,
escasa en cosas nobles,
que sólo amor alberga
como bellos fuertes robles.

Hazle caso omiso,
a toda fuente de razón,
que repentina y sin aviso
oprime al débil corazón;
vive ardiente de pasión,
lágrimas y risas de emoción,
suelta toda bella acción
y amor en tu joven corazón.

¡Oprime la razón!
¡Consúmete en pasión!
¡Vive amor ardiente!
Mantenlo siempre en mente:
si al amor sientes,
vendrá no solo una vez,
al corazón no se miente,
¡compréndelo de una vez!
****

ALGUN DIA:

El lejano borde del universo encontraré,
allá el palacio de tus sueños construiré…

…Y atraparé en Orión radiante supernova
para que en la noche obscura ilumine tu alcoba.

…Y te esculpiré en las constelaciones de la noche:
sus galaxias de tu nombre harán derroche.

…Y las estrellas pondré en tus manos:
ellas serán tus diamantes, flores y ramos.

…Y al misterioso vacío negro te llevaré
por que allá el tiempo es eterno y te amaré.

De esto y más, amada mía, soy capaz,
¡tan sólo dibújame un corazón! y nada más…
****

Manuel Silva

CONTIGO

Diría de las estrellas,
que todas son bellas…
Diría que tú, como ellas,
al infinito destellas.

Diría del universo,
de ti, poesía y verso,
que a la vida vibran
y al corazón socavan….

Diría de la vida, amor,
dinero y salud, es mejor
gozar contigo y compartir
lo que me haces sentir…

Mucho más de ti podría decir,
y de lo bonito que es vivir
cuando el corazón goza
¡contigo! mujer hermosa.
****

EN LA NOCHE

Todas las noches me gusta
contemplar las estrellas
por que siempre veo en ellas
tu belleza, y me doy cuenta
que para el cielo son ellas
lo que tú eres para mi existir.

También en las noches estrelladas
busco a Pléyades y veo en ella
tu cuerpo, siendo tú la más bella
y más hermosa del universo entero
y sus majestuosas galaxias;
pero de todas a ti prefiero…

Por las noches converso con la Luna
y me dice de ti que tanta hermosura
no ha visto en su vida, ni siquiera una
sola mujer que un poco comparara
contigo de dentro o fuera…
lo mismo opina la diosa Hera.

Ah, y diría de la bella noche obscura,
busco en ella tus insaciables besos,
caricias y sobre todo esa ternura
que tú me das y causan estos versos
a derramar su tinta para decirte
que siempre amor deseo darte.

Ay de mí, la noche, las estrellas, y tú….
****

Manuel Silva

NUESTRA NOCHE

Era una noche bella y estrellada,
en Pléyades las estrellas con gran furor brillaban,
testigos de gran amor ya lo eran,
pero hoy… la leyenda fielmente se cumplía
en nuestra noche, ¡suya y mía!

¿Porqué? Era la pregunta sin razón,
pues órdenes no se dan al corazón,
y aún cuando Eros obre sin razón,
el amor supura muy dentro del corazón
y en nuestra noche era amor, yo suyo, Usted mía.

Era una noche para jamás no olvidar
aquella fuente que nos fue a enlazar,
y por primera vez la podía yo amar
como jamás lo habíamos de imaginar,
en nuestra noche era amor, yo suyo, Usted mía.
****

¿ME DIBUJAS UN CORAZON?

De veras me inquieta bastante
pensar todo el tiempo en ti,
estás siempre en mi mente,
siempre muy dentro de mí…

…Dentro de mi pensamiento
y ese ardiente sentimiento
que no sé lo que es, o miento,
pero de adentro reviento.

Mi pecho arde cuando te miro,
mi sangre hierve, me acelero,
me desespero, abrazarte quiero,
y de ansias de veras muero.

Eso es cuando te miro, preciosa,
imagínate cuando te acaricio,
beso, y en mis brazos te tengo:
mi vida se vuelve color de rosa.

Pero el tiempo dirá si esto es querer
o amar… No sé, pero quisiera saber,
preciosa, con un dibujo de tu corazón
antes de que pierda toda la razón.
****

Manuel Silva

¿AMOR O SEXO?

La sed de ambrosía es insaciable,
como el infierno muy lamentable,
por que nos consume a lo miserable.

"Hormonas", el galeno lo opina,
"¡control!", el sermón condena,
"¡obsesión!", diría yo sin pena.

Así sea sexo o amor de epopeya,
siempre nomás uno fija en ella
la mirada para ver si es bella.

Y si ella corresponde muy coqueta,
con fulgor de estrepitante cometa
caemos sobre ella ¡y nada importa!

Sin embargo, la mujer, usted oiga,
"el cuerpo al hombre entrega…"
y "el corazón tal vez lo niega…"

…Palabras que se van con el viento,
amor se hace hasta con el pensamiento,
o con hechos, después arrepentimiento.

Del amor o sexo ni quien lo niegue
que en ese momento todo nos ciegue,
y con tal para cual, la vida sigue…
****

UN PAPEL CON MENTIRA...

Tantos años ya han pasado
desde aquella noche obscura
cuando por primera vez era
tu cuerpo mío y desnudo...

Fue como si hubiéramos sentido
el primer latido del corazón
por que habíamos compartido ese
fuego y loca pasión...

Hasta decías que me amabas
aunque tu cuerpo ya empeñabas
a otro en papel y legalmente,
pero míos eran tu corazón y tu mente.

Y todo se quedó a la mitad,
y nunca hicimos realidad
nuestros mutuos sentimientos
que volaban lejos con los vientos.

Pero hoy te volví a compartir,
y mi otra mitad me hiciste vivir...
No te olvido, te extraño,
y siempre lo será año tras año,
aunque en papel no seas mía.
****

Manuel Silva

¡ERA UN RUMOR!

Es tan increíble lo que la vida
de vez en cuando nos da,
por decir, algo de amor,
lágrimas, chispa, y calor.

Esto me sucedió contigo
cuando compartiste conmigo
tus besos, entrañas, sangre,
y hasta un amor de madre...

Me sorprendió lo que sucedió
por que el rumor atrás quedó
y hoy esta vez ya lo vivimos
corto, pero intenso y juntos.

No había manecillas que aguantar
ni palabras que debían callar,
sólo sé que me diste bastante
ternura y nada me limitaste.

Pero quisiera que tu corazón
no me dieras por ninguna razón,
dueño ya tiene desde tiempo atrás
y yo no podría amar una vez más.

Además, lo que sucedió escrito
ya estaba en nuestro pensamiento,
y aguardábamos nuestro momento…
¡Fue nomás cuestión de tiempo!
****

¡ENGAÑO!

Como el volcán volátil
que repentino su lava explota
en vertientes ríos de acaudalado fuego…

Como la inmensa estrella roja,
que fisión nuclear explota
fulminando mundos en ardiente fuego…

Y como el singular hoyo negro
que energía y plasma traga
devorando el tiempo, luz y fuego…

¡Así soy! cuando arrullas mi ensueño
pero en el vagar de tus sueños
tu corazón das a otro dueño...
****

Manuel Silva

MORENA

A pesar de todo lo que he vivido,
y lo que la vida me ha compartido,
no sé si mis ojos ven la realidad
o quizás eres espejismo y no verdad.

Tu ser es de lo más perfecto,
voluptuoso, noble y sin defecto:

Tu cuerpo escultural es piel morena,
de amplias caderas, cintura pequeña,
piernas bien formadas, ¡bien dadas!
Tus pupilas son radiantes, de hadas,
y tus ojos sexy; tienes sútiles facciones,
anchos labios, rojos, y sensuales…
En fin, eres todo un conjunto de belleza
que hasta a el majestuoso sol embelesa.

Eres rumbera, alegre, muy divertida,
creación del ensueño, sal de la vida,
como el pan y vino, amor divino,
del oro molido, el sol dorado,
del universo lo más añorado,
del alma suspiros y calma…

Pero de mi profundo vacío,
¡dibujado un corazón ansío!
****

AMANTE

Llegaste en mi otoño,
te amé en tu primavera,
lucías tu lindo moño
en tu obscura cabellera.

Tu sonrisa era inocente,
hermosísimo semblante,
y tus ojos lindos tristes,
pero así tu amor me diste…

Era tu cuerpo de bella amante,
y piel hecha para tocarte…
Eras mi delirio en la aventura
de esa bella noche obscura.

Recuerdo ansiaba loco tu suspiro
tenue, voraz e inocente
exclamando a mí, tu amante,
los ardientes "te quiero".

Y al final de la locura,
en la bella noche obscura,
al amor pervertíamos
y de amor estallábamos…
****

Manuel Silva

A MI JARIFA

Te conocí a tu manera,
en tu oficio, en tu lugar,
como una cualquiera
facilmente de juzgar.

Pero cualquiera no eres,
eres dama, encantadora,
de bellos y muchos placeres
que das, pero a su hora.

A su hora… y por dinero,
después por sentimientos,
pero quizás así lo prefiero,
amor que va por los vientos.

De ese amor nada se requiere,
va y viene, nada retiene,
ni causa llaga que hiere
y se da a todo al que viene.

Pero también das otro amor,
cual me hace pensar
guardas exclusivo sin temor
a quien de veras llegas a amar.

Por eso eres mi Gautier,
mi Margarita y bella mujer,
cual da mucho para querer,
o amar… ¡Ve tú a saber!
****

ESA NOCHE…

Dentro de ti mis labios recorrían
tu ser, tu piel blanca, frágil y fina,
eso aunque mis manos te miraban
y no mis ojos en esa luz de luna,
bajo una lluvia de agua tuya y mía
que de tu cuerpo resbalaba y yo bebía.

Sentía el arrasador vértigo del huracán
y fuertes vientos de un mar violento
que se movían en mi pecho y pensamiento
esa noche… y te palpaba, besaba, tocaba,
deseaba, y en hacerte amor pensaba…

Era una noche inquietante,
parecía no haber alguna limitante,
ni barrera que impusieras,
solamente sentía, de veras,
ese bello sentimiento de entrega,
no trivial, que sólo una vez llega…

¡Ah! Esa noche tan bella.
****

Manuel Silva

ARBOL...

De una semilla muy pequeña,
germina un bello árbol, preciosa,
por azar quizás ya sembramos una,
pero nútrela con cariño y amorosa.

No la abandones, ni dejes que dudas
sequen sus delicadas raíces profundas...
Quizás a un tronco le de vida rápido
y así crezca a tu lado y no abandonado.

Ni permitas que la gran lógica humana
pode sus coditos que podrían dar ramas
grandes; ya depués vendrán frondosas
hojas verdes y sombras frescas.

Bajo la sombra de este árbol nutrido
por las palmas de tus delicadas manos
podría nacer una flor, y a ese mundo
exótico de colores juntos llegaríamos.

No abandones tu árbol, no crece solo...
****

BAJO EL SOL…

Bajo el sol hay calor,
hay vida, y un color
dorado para tu sonrisa
que ansioso espero aprisa.

Bajo el sol crece un árbol
para darte sombra del sol,
darte protección, y algún día
una flor germinará, algún día…

Y te diría, bajo el sol,
y la sombra de tu árbol,
de la flor de tu semilla,
nacerá la más bella

-doncella-

y alumbrará toda estrella,
toda alma, toda vida,
toda aquella mujer bella.

Así el sol alumbrará
de nuevo, calentará,
y a la vez vivirá
como antes ya lo era.
****

Manuel Silva

JOYA

A lo largo de mi destino
y muy sarandeado camino,
viviencias han pasado,
buenas, malas, de todo…

Pero para un cambio
debieron haber pasado
cuarenta y tantos otoños,
ojarascas, las golondrinas,
vino, las bohemias, besos,
amaneceres, despedidas,
dolidas y poco de todas,
mis estrellas, muchas lunas…

…para un cambio.

Tantos años ya han pasado,
¿y qué he encontrado?
Una Joya, solamente una Joya;
increíble, en un mundo ¡loco!
loco loco, pero la he encontrado
mi bella Joya, y con mis manos
la he tocado en este mundo loco.

Sin embargo mi Joya es pura,
bella, radiante, su amor supura,
no está pulida, ni tocada,
o por manos impuras manchada;
es fina, olorosa, nítida
clara, tierna, muy frágil, noble,
encantadora, suave, adorable.

Es una Joya verdaderamente,
encontrada en las meritas
entrañas de la Tierra donde
la raíz se nutre y se esconde
de manos impuras y deseosas
de joyas puras que tristemente
éstas manos frías no pulen, forman,
y después del morbo las abandonan.

Tuvieron que haber pasado
tantos años para haber encontrado
una Joya verdadera, y mis manos
hoy, mañana y en los inviernos
pulirán, por que es una obra
para toda la vida…
****

Manuel Silva

TE DIRIA QUE...

¡En el amor no hay lógica!
ni nada que puedas decirme
que estoy mal, loco, o tú loca,
o que tengas defectos que me
lleven a compararte con Thalía
o la rubia Monroe. ¡No! ni habría
competencia alguna por que eres
tú por quien mi sangre hierve
cuando te palpo, más cuando vienes
a mi piel con tu piel húmeda
como el rocío de lluvia fresca
que me resbala lenta, y me da
sabor a ti, sabor de ti, para mí.

También te diría que no puede haber
lógica o poder humano que cambie
mi manera de querer, amar, o de ser
cuando estoy contigo por que pierdo
noción de mi mundo viejo, mi futuro…
Nada mas estar contigo quiero,
siento que de ansias me muero
ya que tus entrañas socavan mi ser,
las estrellas me brillan otra vez,
y hasta en la noche te veo aparecer
cuando platico con la pálida luna;
sin tí bajo el sol la vida es vana
y me pregunto que es esto… ¡Rediez!
No sé, pero admito que casi te amo …
****

LEJOS...

Lejos acá desde mi ventana
de este pájaro de acero,
despierta el albor, la mañana
y al sol le pregunto ¿por qué te adoro?

Me dice por que eres dulce, pura,
de virgen corazón, cuerpo, alma,
y además por que de ti supura
ese amor que a mi ser calma...

...Como cuando observo al infinito
allá arriba lejos y dentro de mí siento
esa paz que solo mi madre, las estrellas
y tú provocan, además de que son bellas.

También lejos aca desde mi ventana
observo una muy blanca nube
como tu piel que en mis labios tuve
allá en el bosque, en la cabaña...

También tu ser en la yema de mis dedos
acaricié dentro de la palma de mis manos;
y desde acá lejos otra vez te buscan
a través de mi ventana, en las nubes,
¡ y no te encuentran!
****

Manuel Silva

AUN MAS LEJOS...

Te siento hoy de mí, muy lejos,
más allá que Sirio, Orión,
allá lejos, pero muy lejos,
donde ya no existe la razón.

Lejos donde el alma cobra vida
y del cuerpo esta se libra,
donde el principio es el fin,
donde el ángel y el querubín
cantan y alaban a Dios
allá lejos, ¡pero muy lejos!

No sé si el aire que respiro hoy
es el mismo que antes de tus besos
y caricias que extraño mucho hoy
por que estás de mí muy lejos.

El terror me mata de pensar o saber
con quién estarás el día de hoy,
quién te acaricia ya, tu piel roza,
música a tu oído canta, o su rosa
a memoria de él tu diario guarda
mientras un suspiro de tu boca
emana y éste con sus labios toca...
y mi guitarra en su féretro calla,
mis voz se apaga, el verso estalla,
las estrellas se apagan, ya nadie ríe,
todo se ve triste *desde mi ventana...*

Así te siento hoy, lejos de mí…
¿Qué haces, que piensas?
¿Por qué el mundo es así?
¿Por qué te alejas…?

La distancia, pero más tu silencio
fue la daga mortal de mi suplicio.
Ya no sé que sentir, que pensar,
hace tiempo sabía amar.

Te siento muy lejos, mas allá
del borde del universo,
más lejos, mucho más allá
de lo que pueda este verso
decirte con lágrimas de tinta
que yo siempre derrame…

Las estrellas se apagan, ya nadie ríe,
todo se ve triste *Desde Mi Ventana*…
****

Manuel Silva

ADIOS AMOR...

Siempre había querido encontrar
una respuesta, ver si era posible
amar una vez más, o imposible
por que nomás se puede amar
una vez y ya, nunca más.

Pero he encontrado la respuesta
hoy, dentro del infierno en mí
que me quema y ¡sofoca! Sin ti
me he quedado, y ya te extraño,
siento amarte, y me hago daño
por que ya no estás conmigo.

Viví contigo lo que años atrás
había vivido, ese mundo de colores,
bello exótico, donde las pasiones
mandan y la lógica queda atrás
por que el corazón se hincha...

Viví contigo ese sentimiento
que da miedo, o quizás miento
a mí mismo por piedad y al temor
de vivir en los grandes extremos
de la gloria al infierno por amor.

Viví lo más imposible contigo:
compartiste las estrellas conmigo,
cantaste a mi lado al amor,
la naturaleza, y reíamos al por mayor.

Viví contigo el anhelo de amarte,
protegerte, cuidarte, palparte,
como la Joyita pulirte, besarte,
amor hacerte, sonrojar, reir, llorar,
y en la noche en mis brazos arrullarte.

Viví contigo el amor de mil maneras,
sin llegar, ¡pero llegábamos más!
con más entrega, más deseo fugaz,
más chispa, más entrega, sin llegar,
pero más llegar a lo que es hacer amor.

Todo esto y aún más viví contigo,
me llevaste de nuevo al agua nueva,
al vino, al pan, a la sal de la vida,
al deseo, soñar, vibrar, vivir, sentir,
pero lo más importante, ***ser feliz...***

... Pero ya no estás conmigo.

¡Sí anhelaba llegar contigo al invierno!
Pero por estupideces al infierno
me he tragado y complicado
tanto la vida al grado de quedar morado
y de nuevo me resta con la luna platicar.

Quisiera maldecir todo mi alrededor,
el agua, el sol, la luna, las estrellas,
el lago, el bosque, la cabaña, las grutas,
la naturaleza, la poesía, mi música...
Pero no puedo, maldecirme me toca...
****

Manuel Silva

MALDITO ES EL AMOR...

Si una sangrienta espada
mi cuerpo atravesara,
o bala asesina mi corazón
desgarrara, ¡feliz sería!

Dolería menos que volver
de nuevo a padecer
ese maldito sentimiento
llamado "amor"… querida.

Otra vez, querida, he caído,
en el "amor"… Lata ha dado,
me ha hecho vibrar, reir,
pero hoy es las del sufrir…

Si un rayo me partiece
el cuerpo y el alma,
¡muy feliz lo sería!
Pero cálmate infeliz, ¡calma!

Tragarme mis entrañas, mis cesos,
o escupir mi sangre y tus besos
me harían mucho más feliz hoy,
querida, más feliz hoy…
        …¡Estúpido!
Pues ya había hecho un muro
de cién metros de alto y acero
en mi camino y en mi corazón,
pero llegaste, creí, y hoy muero...
¡y aquí te entierro!
****

VAGABUNDO

Soy un trotamundos, un triste vago,
voy por aquí, voy por allá, perdido,
y sin ella; no importa, pero ya vago
de nuevo gracias a ese amargo trago
de bilis, ahogado por celos, y frustado.

Voy como insípido vagabundo dolido…
Llamábame ella un petulante, creído,
y fanfarrón; pero más dolían esos malditos
celos; y así como a una mosca me aplastó,
y mi alma lentamente y al pasito envenenó.

Increíble, pensaba por mí, sentía por mí…
¡Era mi fiscal y juez a la misma vez!
¿Había algún beneficio de duda para mí?
¿Para qué si condenado ya lo era
acusado y muerto a la vez?

En el escalafón de la horca me tambaleaba,
por malditos chismes que eran puñales,
con un decir aquí, y uno allá, como fusiles.
¡Ah! y el maldito morbo atrás no quedaba…
Palabras son, palabras van, que mas da.

Pienso que *daña más la punta de la lengua
que el filo de la mismita espada…*

Un vagabundo mas, uno menos, ni hablar...
****

A la Vida...
Londres '98

Manuel Silva

¡LAS ESTRELLAS!

¡Ah! siento en las estrellas
vibraciones fuertes, bellas,
nueva vida, la creación,
y nomás de verlas emoción.

Siempre el deseo he tenido
de volar a ellas; motivado
siempre aguardo ese momento,
todo el tiempo y cada minuto.

Pero no lo logro, solo espero,
¡y vaya que me desespero!
pero hacerlo no puedo en vida
sino hasta mi última despedida.

Todas las noches veo las estrellas
y me pregunto por que todas ellas
son tan inmensas, lejanas, bellas,
y aquí estoy sólo contemplándolas.

Quisiera de veras acariciarlas,
estar muy junto a ellas,
para sentir esa inmensidad
y saber como son en realidad.

¡Ay de mí! que obsesión…
casi pierdo la razón ¡por ellas!
****

Manuel Silva

LOCO Y SENTIMIENTOS (3 ACTOS)

I Acto
Un Loco le decía a Felicidad:
"te siento como a la Soledad,
por el solo hecho de no saber
como se puede amar a una mujer"

"¿Amar? Soy Felicidad pero diría
a ti ni siquiera te conquistaría
la doncella o princesa más hermosa
que te adorara como Virgen Rosa"

"En efecto, Felicidad, ¿o sabes
tu acaso que morados corazones
faltos de sentimientos derrochan
hasta lo que nunca cosechan?"

"Bueno…" agregaba Felicidad,
"todo depende si en ti Maldad
exista, o con ella pretendas
jugar Amor que no comprendas"

II Acto
"¿Quién osa hablar de mí con Dolor?"
Susurraba atormentada dulce Amor,
mientras Maldad huía cobardemente
para después volver, seguramente.

"Sr. Loco", agregaba dulce Amor…
"¿Porqué fastidias pecho con Dolor?
¿Acaso ardido estás por que de mí
huyes con toda tu Miseria en ti?

El perplejo Loco con arrojo le dijo:
"¡Basta! Si el corazón en un dibujo
me lo das, y desapareces mi vacío,
en ese entonces de Soledad me río"

"¡Estás muy Loco!", voces respondían…
Amor y Felicidad apenas sí creían
que Loco con Valor y fuera de Razón
pidiera sólo dibujado un corazón.

III Acto
Casi al final de dolida historia,
el Loco a Amor y Felicidad sonreía,
mientras Temor, Maldad y Miseria
el Loco jamás comprendía o temía.

Y llegaría el final de intrigante
Loco; en su tumba letrero gigante
describe pregunta terca sin razón:
"¿Amor, me dibujas un corazón?"

Colorín colorado, este cuento
se ha acabado, si no te ha gustado,
es por que loco, loca, no has estado.
****

Manuel Silva

LA VIDA Y LOS SABIOS
(OPINIONES)

Como quisiera de veras ser un poeta
para encontrar la llave de la puerta
donde se esconde el sentimiento
y misterios de la vida que reviento.

Por decir del romance y la mujer,
Bécquer en sus rimas parece aclarecer,
que a el hombre le es imposible querer
o amar solamente ¡a una! bella mujer.

Pero Darío divulga mujer que sonríe:
la Marquesa Eulalia que "ríe, ríe"
y enmascara en ella tenaz frivolidad
para controlar todo con o sin maldad.

Y del maestro Neruda ni se duda
que la pasión con lujuria perdura
y hasta el amor pierde cordura
cuando la entrega al cuerpo ¡socava!

¿Y de la vida? Según el sabio Dante,
en la vida el cuerpo es como el Quijote,
trotante, idealista, y a veces poco real,
hasta que el alma sacude la tumba corporal.

O como en los diálogos de Sócrates,
Platón escribía que los grandes dones
se comparten entre el amor, sabiduría,
habilidad de gobernar y la justicia.

Del espíritu la Santa Biblia menciona
de un camino y una luz que ilumina,
pero allá no hay puerta que abrir,
sólo ser santos antes de morir...

Palabras y palabras de los sabios
que no comprendo. ¡Me muerdo los labios!
La pregunta sigue sin alguna respuesta,
¡qué hay detrás de esa méndiga puerta!

¿O acaso importa encontrar la llave?
****

Manuel Silva

NATURALEZA Y HUMANIDAD

El agua corre por los ríos,
canta el pájaro con sonoro brío,
el sol en la mañana resplandece,
manto verde al bosque adornece...

A la llegada del atardecer,
adorna Venus el horizonte,
despierta la luna al anochecer,
y se cubre de noche el monte...

Muy lejos el cielo infinito
glorifican un Dios bendito,
sus galaxias y estrellas
nos tiritan imágenes bellas…

Contrastando a la humanidad,
es muy triste la realidad;
bendiciones que Dios nos dio
¡el ser humano desperdició!

Guerra, terrorismo y destrucción,
ozono, SIDA y desnutrición,
mentiras, codicia, charlatanería,
y mucho sexo repleto de lujuria…

Este loco mundo gira y gira…
… ¿Hasta cuando?
****

SEGUNDA VIDA

Llega el otoño,
la ojarasca alimenta
un año más, un año
sigue, sí, la cuenta…

Ni quien lo sintiera,
o creyera la realidad:
la vejez se acelera,
y la edad es la cruda verdad.

El cuerpo se entume,
blanquean las canas,
arruga nueva nace,
crecen las barrigas.

Pero emerge algo bueno:
claro, la experiencia,
rica, rica y a la mano,
una cabeza mucha ciencia.

Pero la cruz al final
llegará sin fallar,
por solo ser mortal
el otro mundo llamar…

¡Al invierno no quiero llegar!
****

Manuel Silva

EL TIEMPO

Es un cruel verdugo el tiempo:
mata, merma la salud lentamente
y día tras día acosa cruelmente
hasta que llega el último latido.

No parece ser real el tiempo:
ni se siente, palpa, ve o toca,
es eterno y duro como la roca
hasta que un día la puerta toca.

Cuando este llega a la puerta
la calma se pierde todita;
canas nacen, y barriga crece
por que el cuerpo envejece.

El tiempo, cuando ya nos llega,
como un huracán nos traga
y arranca hasta el último latido
llevándose el último suspiro.

Nada es eterno, sólo el tiempo…
****

A MI BUCARELI #31

Muchos años atrás yo crecía,
y como todo escuincle reía…
¡Sí! reía, vivía y crecía
en mi bella Bucareli…

En humildes aulas aprendía
eruditas lecciones de la vida,
recalcadas en compleja gramática
y mucha, pero mucha ortografía….

La mejor primaria de Juárez, diría,
donde la raíz cuadrada, Sócrates,
quebrados, razones y proporciones
nuestro profe sabiamente instruía…

Y como toda cosa bella de la vida,
lo que bien se aprende jamás se olvida,
y hoy en día orgulloso exclamo a la vida
¡cuán hermosa es mi bella Bucareli!
****

Manuel Silva

¡A MI GUITARRA!

Quieta y *dulce* compañera,
¡a mi lado siempre estás!
Como la hermosa primavera,
me elevas con tus dulces notas.

Quieta y *fiel* compañera,
¡nunca te quejas a mi costado!
Aún así a mí siempre esperas,
y muy amorosa cantas a mi lado.

Quieta y *hermosa* guitarra,
¡sé que siempre aguardas mi tocada!
y no olvidas que en MI major, tú LA menor,
entonamos siempre juntos melodías al amor.

Seas lo que seas, a ti te toco y tú me alegras,
me escuchas, me esperas, y no te quejas…
****

PAPEL Y TINTA

¡ Eres un méndigo papel !
pero a ti te escribo…

Como un buen amigo,
escuchas lo que digo,
sabes lo que siento
y lo que reviento…

Escribo y me consuelas,
nunca me abandonas…
No pareces ser real,
pero eres muy leal.

Letras son tus risas,
lágrimas o burlas…
Tinta será tu sangre
que yo siempre derrame.

Seas lo que seas,
a ti te escribo….
****

Manuel Silva

LA VIDA

La vida es como el rayo de luna:
tenue, brillante, y llena de misticismo…
Lo es también como el electrón de energía:
explosiva y a veces negativa…
Y también como el fotón de luz:
intangible y a la vez visible…

       ¡No!

¿Qué es la vida?
Efímera creación de nuestro ensueño,
donde forjamos lo que más amamos
y a veces hasta lo que detestamos
sólo por no saber que deseamos.

Pero llega el día demasiado tarde
¡y ya no es vida!
****

LA VIDA: MUDO PENSAMIENTO

Yo quisiera ser lo que no soy
por que desdeño lo que amo hoy,
aunque ame más lo que detesto
y lo rimo con cualquier pretexto.

Con mi cálamo o teclado escribo
lo que nada digo y siempre observo;
es la bella idea y mudo pensamiento
mi fisión nuclear de lo que siento.

¡No importa que Afrodita me desvíe,
critique, desdeñe, ame u odie!
Así sean nereidas yo les escribo,
marino fui, de mis fantasías vivo.

Por cierto he oído de mi dulce Enone,
que loquísimo estoy como cursi nene,
rechinando llantas de moto y *Porsche*
como fugaz cometa en la media noche.

Pero misterios de la vida hacen vibrar
mi mundo rojo, loco, y me hace pensar
y a la vez reventar todas mis entrañas
mientras en el verso rimo mis patrañas.

¡Es la bella idea y mudo pensamiento
mi fisión nuclear de lo que siento!
****

Manuel Silva

INQUIETUD...

A veces medio raro me siento:
algo viejo, pero no tanto…
Es un extraño sentimiento
que me deja muy inquieto.

Por decir de la dichosa juventud
y toda su espeluzante inquietud,
es la ráfaga del huracán que arrasa,
embelesa, pero prontísimo pasa.

Y repentinamente el otoño llega,
con sus odiosas canas y barriga,
presión alta y la méndiga arruga...
¡Oh pero la experiencia abunda!

Heme ya aquí en otoño mismo,
será verdad o será el odioso cinismo,
pero vivo de pelos como unos y tú
en lucha entre la carne y el espíritu.

La maldita excusa: carne por doquier.
Siempre habrá excusas para más querer;
y sé que el abuso merma mucho mi ser,
al maldito grado de enloquecer.

Y este terrible apetito sexual detestable
deja al más fuerte su espíritu inestable;
ya no es amar o querer, solo placer,
y solo bastan los ojos para caer.

Ojalá y al invierno no llegue yo
pobre de espíritu y sin amado ser;
a veces me pregunto por que batallo,
dejemos al destino lo que ha de ser.

Pero esta es excusa que lleva nada.
¡El tiempo lleva minutos eternos
y no perdona! Nosotros somos nada,
sólo lo que en nuestro paso dejemos.

Ay de mí cuando llegue ese día,
podría llegar ya o en el ocaso,
pero sigo en esta terca melodía
de carne que sólo lleva al fracaso..

Despierta… ¡Ya no duermas!
****

Manuel Silva

TINIEBLAS MITOLOGICAS

Proserpina, me da mala espina,
a tu Plutón le falta corazón;
morado el mío, el tuyo ansío.

En tus tinieblas allá reinas,
a ellas voy, pero no hoy,
quizás mañana, ¡vaya hazaña!
Retaré a muerte a el mismo Caronte,
después a Cancerbero, can mortífero;
pero no tengo miedo, con los dos puedo.

Mi Proserpina, diosa hermosa divina,
paciencia tenme y ¡por favor escúchame!
Vivo en el corrido del poeta ido;
al mismo Cupido ya le he batido
y se va de pique: su esposa Psique
le puso cuernos, y nada menos
por loco amor al poeta sin clamor.

Pero aún hay más, ¡a Venus amo más!
Proserpina, me da mala espina,
en tu morada para mí ya no hay entrada.
Pegasos es mi guía, y hoy en día,
a donde me lleve ¡la vida será breve!
****

¡LA DULCE VIDA!

¡Ah! Cienfuegos es mi vida,
y ni quien mendiga mi loca ira.
Mi diezmada vida obra sin medida,
glotona vida vive, ríe y llora…

No será ni púrpura ni seda,
pero tampoco mal se viera.
Si es amor o andante SIDA,
¡a la vida siento con loquera!

Ni viviré lleno para absorber
esta vida en tan corto plazo.
Pero cosa extraña de mi ser
es buscar amor en el ocaso.

Y este ni tardo ni perezoso
arrasará mi último latido
y suspiro, puntual y sin retraso;
a Hades o Gloria, ¡adiós mundo!

¡Ah! Cienfuegos es mi vida
y ni quien mendiga mi loca ira…
****

Manuel Silva

¡ETERNAMENTE NADA!

Será corta la triste realidad
por que soy nada en verdad:
ocupo un tiempo-espacio hoy,
y mañana polvo al viento soy.

De ayer, ni se diga lo que fue,
sólo un sueño, ¡eso sí lo sé!
Adiós le digo a lo vivido,
tarde que temprano me despido.

Pero esto no es un suicidio:
es el terco tiempo mi martirio
cual mi ansia no respeta hoy;
sin el corazón por doquier voy.

Ya quisiera volar a una estrella,
refugiarme muy dentro en ella,
y reventar lo que oprime mi alma,
creo que he perdido toda la calma.

Que mas da, a veces quisiera
que la mente un poco durmiera
o por lo menos calma tuviera
y esta vida yo comprendiera.

¿Por qué o para quién habré nacido
en este mundo embrutecido,
que siempre gira y gira
y ni quién mendiga mi loca ira?

Quien no diga que demente estoy,
como dulce Casandra soñando voy,
palpitando visiones, ayer y hoy,
buscando la Afrodita el día de hoy.

El tiempo pasa, el cuerpo cansa,
la mente crece, el alma endurece;
morado corazón palpita sin sazón,
el tiempo pasa, vuela la razón.

La vida es dura…
****

Manuel Silva

¿QUE SERA, SERA?

¿Qué será de mi ser?
Primaveras en otoño
pasados sin retoño
presentes que ya no incitan
    -he de padecer-

¿Qué será de mi ser?
Mórbidos pensamientos
almas de lamentos
presentes muy inquietos
    -he de padecer-

¿Qué será de mi ser?
Famélico corazón
mente sin razón
pasado imperdonable
    -he de padecer-

¿Volveré a nacer?
****

LA VENTANA

Las estrellas perdieron su brillante radiar,
el firmamento su bello color azul celeste,
mudas las golondrinas silencian sonoro cantar.
¡Ya nadie ríe, todo es triste!

El bello albor ya no amanece,
no renace el sol por el oriente;
la lluvia seca llora y todo se endurece.
¡Ya nadie ríe, todo es triste!

Triste se mira todo *desde mi ventana*,
pútrido palpita dentro mi morado corazón;
el vivir y sentir quedan sin una mañana,
la vida vuela, ¡vuela toda la razón!
****

Manuel Silva

R I P

Sé que he nacido para morir,
pero no quisiera admitir,
que me aterra el sentimiento
de una tumba sin cimiento,
desolada y totalmente inerte,
su cruz astillada y fuerte
olor a tierra y muerte,
mientras el abandono,
¡sí! el abandono,
sea mi eterna recompensa.
++++++++++++++++++++++++++++

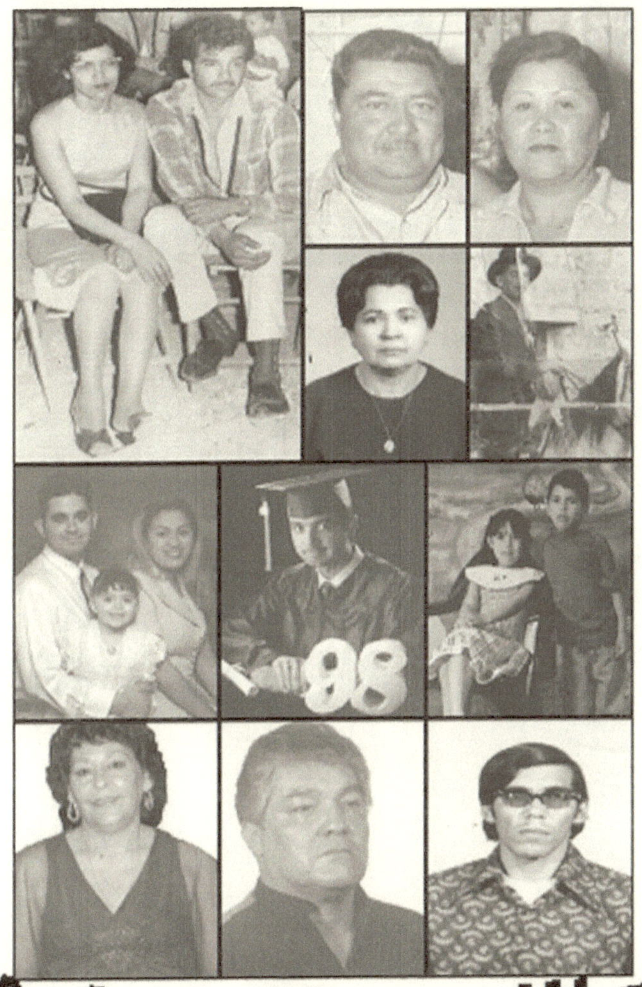

A La Familia

Manuel Silva

MADRE MIA...

Es tan increíble haber tenido
a Usted como Madre mía, y ha sido
Usted para mí de Dios una bendición
como las estrellas son a la creación.

Es tan cierto el inmenso cariño,
amor y ternura que desde niño
y a la fecha Usted me ha dado,
tanto como estrellas hay en el cielo.

¿Sabía Usted amo a mis hijos, mi padre,
las hermosas estrellas, mi sangre,
y todas las cosas bellas de la vida?
Pero Usted es todo: amor, paz y vida.

Cuando en las noches veo el infinito
obscuro y estrellado, busco allá lejos
la estrella que el ser Supremo y Bendito
le hizo porque eso y más Usted merece.

Madre mía, es Usted lo más bello
que yo pueda observar en el cielo…
le doy mil gracias a Usted por todo
lo linda que conmigo siempre ha sido.

Se despide su hijo que la adora… Meny
****

Manuel Silva

MAMA...

Le estoy siempre agradecido,
del fruto de su vientre
y entrañas he nacido…
Soy su carne y su sangre.

De bebé me adoraba,
me bañaba, me vestía,
me besaba y nalgueaba
porque mucho me quería.

Desde niño me protegía
y a la escuela me mandaba,
allí mi futuro Usted veía
y el estudio me inculcaba.

Al llegar mi adolescencia,
decía Usted de mi rebeldía:
"¡que Dios me de licencia!"
 Mi melena que mucho crecía.

Pero Usted siempre me comprendía,
paciencia es su gran virtud,
y con amor todo me perdonaría,
cualquiera fuera mi actitud.

Y así lo fue cuando crecí
y al mundo adulto nací:
mis penas y glorias hacíanse notar,
¡pero con Usted siempre podía contar!

Hoy, absorto y de rodillas oro,
¡pidiendo que Usted me viva más!
siempre será mi gran tesoro
¡y a quién nunca olvidaré jamás!
****

Manuel Silva

A MI PADRE...

Mi querido viejo y buen hombre,
Dios me bendijo con tu nombre,
pero con tus canas y ojos tristes
hoy mi tosca alma ya partiste.

Mi querido viejo y buen hombre,
sabes bien que es mi costumbre
admirar tu corazón muy noble
y férrea voluntad de un roble.

Además recuerdo con mucho cariño
tu otro nombre, el famoso "Caballo"
que escucho desde muy pequeño,
aunque lógica aún no le hallo...

Pero a la fecha y años muy atrás,
sigue siendo tu "salta-p'a-trás"
cervezas, tequila, vino y demás,
¡cual tu cuerpo canse! Ya verás...

Diría yo si el mundo te juzgara
y un borracho más no recordara,
tu nombre en tu lápida esculpiré,
soy tu hijo, siempre te recordaré.

Pero aguanta más, mi querido viejo...
¿O dime tú si el mundo algo vale?
Tu hijo que te ama... Meny
****

A MI QUERIDO VIEJO...

Era yo un niño, y tú un gran hombre,
orgulloso apellido dabas a mi nombre;
en casa chica veías como yo crecía
y aunque pocos los bellos días,
algunos de terror e incertidumbre,
¡siempre te quería como un gran hombre!
¡Sí! cruelmente el mundo se reía,
criticaban los escándalos que hacías,
murmurando hechos que yo no entendía,
pero como escuincle ingenuo lo ignoraba
porque dentro de mí como mi padre te llevaba
y como aquel gran hombre que pretendías ser.
Viejo, mi querido viejo y buen hombre...
¿Por qué como familia no podíamos convivir?
¿Por qué odioso enervante fue tu Dios, existir?
¿Por qué lo dabas todo por intoxicación, vanidad?
Y aún fuese yo niño y tú un ebrio hombre,
¡siempre te quería como todo un gran hombre!
****

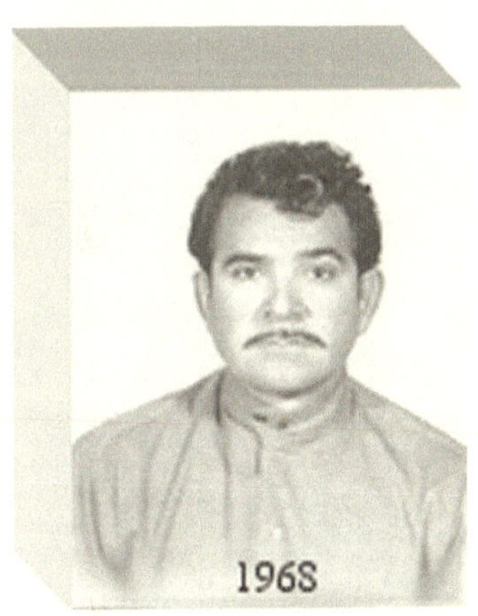

Manuel Silva

A MI HIJO (A SUS 18)

Hijo, al mundo adulto hoy naces;
desde hoy lo verás muy diferente,
te condenará hasta lo que no haces,
pero es el mundo, tenlo en mente.

Hijo, el mundo adulto para ti,
hoy, mañana y todo por delante,
será tu éxito o penas para ti,
pero de todas maneras ¡adelante!

No le temas, no es un mito…
Prepárate y sé siempre listo;
desde hoy contados son tus amigos
y muchos pero muchos tus enemigos.

¿Por qué? El campo es reducido
y nada es o será para el vencido;
sólo el fuerte será sobresalido
y el éxito siempre para el pulido.

Ya después vendrán los galardones,
pero no gratis y sin esfuerzo.
Brindo hoy por que tengas dones
y caballero seas con refuerzo.

No se te olvide que humano eres
y fallarás algunas veces,
pero nunca te des por vencido,
todo tiene su precio vendido.

Nunca olvides tu glorioso pasado,
no será de raza blanca o de color,
pero orgullosos somos y amado
hemos nuestra casta y sed de amor.

¿Qué es nuestra sed de amor?
Todo aquello que sea verdad:
como de la naturaleza su esplendor
¡o de tu amada su sinceridad!

Para ella, creo que sed de amor es
protección, amor, pero nunca golpes
que el cobarde macho fuera de razón
propina a ella matándole el corazón.

Mijo, nunca olvides amar siempre
a Dios, tu madre, tu hermano,
tus abuelos, toda tu sangre,
y ser humano que te tienda la mano.

Bato, contigo Dios me bendijo,
y orgulloso de ti siempre estaré;
amor te doy, y no mi vicio mijo …
…En las estrellas te esperaré,
          <pero>
¡cuándo me necesites allí estaré!
****

Manuel Silva

A MI HIJO (AMOR PRIMAVERAL)

Hijo, la flor será muy hermosa,
tu dulce delirio, amoroso tormento,
pero como toda bella virgen rosa,
su espina aguarda a embelesado incauto.

Hijo, sigiloso busca en tu joven jardín,
la honra y la gloria de tu noble ser;
no busques en tu rosa, orquídea o jazmín
amoroso néctar de falso placer.

Hijo, no derrames lágrimas tristes de amor,
¡apuesto y muy joven aún tú lo eres!
Perdiste hoy esa incauta y silvestre flor,
¡pero habrá más flores si así lo quieres!
****

A MI HIJO (SIN SU PRINCESITA)

Ay mijo, lo más doloroso de la vida,
como la muerte, es la despedida
de la amada y querida princesita;
hoy es tu herida la dama bonita.

Esa llaga ardiente te hiere
por que cuando se quiere,
pero más cuando mucho se ama,
¡perdemos toditita la calma!

Ya por esos senderos anduve,
y a mi princesita amé y tuve…
Tú fuiste nuestro lindo fruto
que hoy en día mucho disfruto.

Para mí ya no habrá doncellas,
pero para ti habrá y más bellas;
tan solo busca en tu jardín
una sola rosa hasta el fin…

…y busca siempre la *felicidad*.

    Ama una vez más,
    sonríe una vez más,
    mira hacia el cielo,
    y adornarás lindo velo
    a tu amada princesita…
Yo aquí estoy, siempre te apoyaré.
****

Manuel Silva

CHOLO

Hola mijo, te conozco muy poco, es la realidad…
Sé que en tu joven corazón crees conocer la verdad
porque en tu vestir y actitud no vez contrariedad
que te pueda llevar al desastre en nuestra sociedad.

De ninguna manera pretendo cambiarte con estos versos;
después de todo vive un universo en cada uno de nosotros,
y al llegar a la edad adulta nosotros mismos elegimos,
para bien o para mal, lo que hasta la muerte viviremos.

Además, todos sabemos que cada nueva generación
trae consigo su propia moda, pensamientos y distinción,
que la separa de la mayoría por que **es joven**, nada más;
ya hubo tirilones, hippies, *low riders*, *punks* y demás.

Entonces, ¿qué es lo que pretenda aquí yo explicarte?
Que en el mundo cholo, solo el **crimen**, tristemente,
se le asocia en todos ámbitos de la constituyente sociedad,
y tu gusto cholo te incrimina: ésta es la cruel verdad.

No me escondo, también yo hice cosas muy diferentes,
fui hippie ("*love and peace*"), melenudo, pantalones apretados,
acampanados, y hasta nos asociaban con gustos mariguanos…
pero mijo, aunque diferentes, no nos asociaban con criminales.

Bato, tus pantalones guangos con quince tallas de más,
la clásica camiseta deportiva larga, desfajada,
y el famoso logo palomeado en la cachucha volteada,
podrían otros confundirte ¡y hacerte una víctima más!

…y sea demasiado tarde. ¡Quisiera estar equivocado!
****

VAGO

Hola hijo, te vas por que quieres…
Creo que no sabes lo que haces;
el daño que pudieras causarte
podría ser muy grave y dañante.

El error que has cometido
es haber de tus padres huído
por que sientes ser muy maduro
e inmortal, pero eres de corazón duro.

Teniendo toda una vida por delante,
escoges el camino más tajante:
amigos sin oficio ni beneficio,
y parrandas de mucho vicio.

Ojalá no lleguen noticias tristes
que algún daño ya te causaste
y muy lejos de nosotros partiste
cuando apenas tu vida empezaste.

Siento culpabilidad de lo sucedido,
pero así es la vida y el mundo…
Seguiré adelante por tu hermano,
mi nieta, padres y quien me de la mano.

Ojalá y lo que has hecho recapacites,
y a tus cabales pronto llegues
antes de que sea demasiado tarde;
pero por tu bien, regresa, te espero.

Aún así te quiero y te extraño…
****

Manuel Silva

A MI HIJO (LEJOS DE MI)

Hola mijo… Tengo ganas de platicar contigo,
pero a veces temo expresar lo que digo;
mejor en estos pocos versos te lo escribo.

Primeramente, te amo y mucho te extraño;
el tiempo ha pasado y año tras año
no he dejado de pensar en ti, en tu ser,
en tu bienestar, pero me has de creer,
vivo como el vagabundo en el olvido
porque hasta hoy no sé lo que tú has sentido
en todos estos años desde que me fui…
Pero quiero que sepas que siempre estaré allí
contigo, cuando me necesites, cuando quieras;
nomás dímelo a mí, tu padre y verás…

Te suplico que me perdones si yo no he sido
lo que tu joven corazón siempre ha pedido,
quizás más amor, quizás más mí compañía;
pero nunca se te olvide hoy en día,
mañana y siempre, seré tu padre, tu sangre
y nomás te pido que siempre ames a tu madre,
a tu hermano, abuelos, y lo que reste a mí…
Quiéreme aunque sea un poco, por que sin ti
mi desdicha sería enorme…

Cuídate y que Dios te bendiga siempre…
****

¡ABUELO!

Me dijeron que voy a ser *abuelo*,
siento que por las nubes vuelo,
¡además de una enorme alegría!
y muy feliz de la vida, yo diría .

A Dios gracias le doy,
por que mi nuera y mijo hoy,
un sueño van hacer realidad
¡y para abril se hace verdad!

Mi nuera y mi hijo serán
madre y padre y crearán
nueva sangre nuestra
cuando nazca linda criatura.

Esta linda criatura les dará,
vida, madurez, y mostrará
a Ustedes lo que de veras es la vida:
a veces dura, a veces divertida.

Pero juntos con su nuevo regalito,
saldrán adelante; y con un poquito
de paciencia y amor a la criatura
vencerán la vida aunque sea dura.

Me despido deseándoles vida y salud,
cual hoy gozan en plena juventud;
a mi nuera pido que mucho se cuide,
y que mijo ni un segundo la descuide.
****

Manuel Silva

¡CHIQUITA ADORABLE!

Hoy, ¡hoy! Que suenen campanas,
¡retimbren tambores y trompetas!
Mi nieta muy pronto al mundo vendrá
y con su presencia a nosotros bendecirá.

Hoy mijo y su esposa se enteraron,
y por medio del ultrasonido vieron,
que el bendito fruto de su vientre
es doncella y muy pronto viene.

La noticia me dejó sorprendido,
feliz y demasiado desesperado
para que abril muy pronto llegue
y ella nuestra sangre herede.

Será mi nieta tercera generación,
y para nuestra sangre una bendición;
a Dios le pido para ella una oración,
y para mi hijo y mi nuera iluminación…

…Para que ellos la cuiden,
eduquen, guíen por el buen camino,
y que siempre a ella le brinden
amor y felicidad en su destino…

¡Qué suenen campanas!
****

MARISSA

¡Hoy llegó la hora esperada!
A las 8:56 p.m quedó marcada
la hora bendita y tan esperada
de tu nacimiento, chiquita adorada.

En esa hora tu valiente madre vida te dio,
mientras tu amoroso padre a ella asistió;
afuera ansiosos tus abuelos y tíos
esperábamos escuchar tus primeros latidos.

Seis y cachito libras de amor pesaste,
y casi las ocho y media pulgadas mediste…
Tu cuerpo frágil y esbelto tu padre bañó,
y hasta tu primera teta te dio.

Naciste tan bella, tan especial,
que como tú no habrá una igual,
ni en Alamogordo donde naciste,
ni en el cielo de donde veniste.

Naciste con ojos bellos, atentos,
tu carita hermosa como de angelitos;
tu cabello muy negro, abundante,
y muy tierna tu mirada y semblante.

¡Marissa! te nombraron, chiquita adorable;
gracias a Dios te viste muy saludable
al igual que tu madre querida…
Mijo se vio muy feliz de la vida.

El mero 8 de Abril del '96 llegaste,
sangre Silva y Bibriescas heredaste;
nuestro linaje entero iluminaste
y nuestros corazones conquistaste.

Te deseo mucha felicidad en tu destino,
y que tus padres te guíen por el buen camino
y siempre te den mucho amor y cariño…

Tu abuelo… Meny
****

TURIS
(Con respeto y cariño a Don Arturo Baeza Rojas)

Llegó una noticia triste e inesperada…
Ayer te fuiste, mi buen camarada,
pero para siempre y al más allá
donde el cuerpo reposa y calla.

Te conocí en tu mejor momento,
saludable, sonriente, muy contento,
siempre con el buen saludo para todos;
eras buen empresario de tino y modos.

Con tu empresa, "Bol de las Américas",
dabas a Juárez grandes divertidas…
ya fueran chuzas, sodas o cervezas,
nuestro ánimo siempre alegrabas.

Además, eras un buen jugador,
de todos los bolichistas el mejor…
Representabas a Juárez en nacionales
y tu papel fue digno de campeones.

Espero que el Américas la verdad,
no quede atrás en la mediocridad,
y tu ejemplo tus hijos continúen…
Ojalá por el Américas ellos luchen.

Porque fuiste un gran amigo,
entre las copas, después el juego,
me refugiaré para recordarte,
¡por que de veras voy a extrañarte!

Descansa en paz, mi querido Turis
****

Manuel Silva

FAMILIA VENEGAS

De cuando era un chiquillo, recuerdo
Mamá Fina que tierna me cuidaba,
y hasta amor de madre ella me daba
aún cuando su sangre yo no llevaba.
Mamá Fina es, y siempre ha sido,
y de veras que siempre la he querido.
Y también de Tía Manto me acuerdo,
que de la Bucareli ella me ayudaba
con lecciones del Oso y el Soldado,
que aprendería hasta con nalgadas.
Tía Manto ella siempre ha sido;
como mi sangre siempre la he sentido.

¡Ah! De niño a un ídolo recuerdo,
al Tío Luis; de tránsito era policía
montado en una bella moto *Harley*;
con ella y pistola a un lado por la ley
se abatía… Además boxeaba y corría
en su veloz coche #24, pero el tío se ha ido.
Al igual en el cielo esperan Tío Juán,
y Papá Juán (el Señor Don Juán)…
Fueron ellos grandes hombres de estatura,
mucho corazón, y mente muy madura,
fieles a una tradición que hoy perdura
en nuestros corazones, pero tristes ya sin ellos…

Privilegeado soy en haberlos conocido,
como a mi Madrina Tichi, Tía Esther,
y mis primos que en años hemos convivido:
Miguel, Juanino, Güero, Tita, Luis y Angie;
los extraño y agradecido de todos estoy
por que por ellos soy lo que soy.
Sangre es la que amor da, no nomás vida,
¡y gracias doy a la bella familia Venegas!
****

PROFESORA JUVENTINA ROMERO

Un mundo sin cariñosas abuelitas
sería como un cielo sin estrellas,
y ni habría niños chiples o niñas
vestidas con moñitos y olanes rosas…

Ni el mundo sería muy sonriente, real,
y ni quien nos diera amorosa paciencia
de mentes muy maduras y mucha ciencia
que nos distinguieran el bien del mal.

Pero Usted sí lo fue, querida Abuelita,
y muy fiel a esa tradición tierna y bonita…
Hasta muchos años fue maestra de la escuelita
Benito Juárez (creo que cuarenta-y-tantos).

Recuerdo qué chiple Usted me tenía…
Llevábame al cine cuando yo se lo pedía,
y por supuesto de antojitos los Chachitos,
pan de dulce, y el famoso Pancho Pantera.

Y no faltaba que a la feria de San Lorenzo
fielmente me llevaba Usted cada año…
Divertíanme los matachines, jugabamos lotería,
trepábame en sillas voladoras, y mucho reía.

De veras que la extraño, querida Abuelita,
y hoy, que ya soy abuelo de Marissita,
comprendo sus palabras sabias de ayer:
al nieto, como al hijo, se puede amar y querer…
****

Manuel Silva

HERMANO...

Desde muy chiquillo muy callado te quería,
admiraba, y sentía lo mucho que te aflijías
por que como un vagabundo ambulabas
buscando aquello que tu ser añoraba...

Pero como un energúmeno gladiador luchabas
contra todo amor que llegara a tu tosco corazón,
pues siempre caso hacías a la lógica, a la razón,
y en tu mundo lógico amor no sembrabas.

Caso omiso hacías al sentimiento,
y ni lágrimas o risas expresabas en tu rostro;
todo tu sentir y sueños se iban con el viento,
¡y a el corazón lo medías con el metro!

Hoy en día dale cupo a tu duro corazón
al sentimiento, al alma, aunque sin razón
a veces obren; si vivir quieres con pasión,
¡dale rienda suelta a la emoción!

Si te he ofendido, arranca esta página, quémala,
pero no podras evitar que otros te queramos...
****

MIS VIVENCIAS CON LA TIA…

Cuando era un hippie jovencillo y melenudo,
los fines de semana y muy a menudo,
los pasaba con la Tía Marcela y mis primas,
que aguantaban todas mis jóvenes loqueras…

Y era la tía que sí comprendía que los chavos
también crecemos, aunque algo desenfrenados,
y de mi Madre, por mis pantalones acampanados,
melena larga y parrandas, la Tía me defendía.

Pobre de Cuquita, aguantaba mi desafinada
guitarra hasta altas horas de la noche,
en el patio, con los gatos, voz desentonada,
y el estruendoso ruido de mi rojo y veloz coche.

No se diga más de Mayita, en sus manos detenía
palos de escoba, escoria, *block*, o lo que fuera,
para que el ridículo de Meny karate practicara,
y un poco de ajedrez a ella le instruyera.

Pero no hablemos de la chiplona de la Gorda,
pues el pan de dulce lamía, ni se lo comía,
y lo dejaba de nuevo en su envoltura. ¡Hay Gorda!
La pequeña de la Letty nomás reía…

Así mi juventud pasé, con mis primas y muy
querida Tía Marcela, allá en Juaritos.
****

Manuel Silva

A UNA BEBITA...

De Dios un milagro serías
si a mi mundo tú llegaras,
y vida en ti yo engendrara
mientras mi vacío llenabas…

Hasta te he sentido en tu Madre
que aún todavía no conoces;
pero de ella serás su sangre
ya que en su corazón vives.

Un milagro serías verdaderamente
si tu tiernita piel yo besara,
acariciara, y a la vez admirara…
Tu retrato ya vive en mi mente.

Un milagro serías si mi doncellita
fueras y tus bucles yo peinara,
y con tu moño y vestido rosita
al parque los domingos yo te llevara.

Pero si a mi mundo no llegaras,
de lejos y ausente en mí te llevaría
aunque mi sangre no heredaras,
pero a tu madre muy feliz harías…

… Y su lindo sueño tu lograrías,
mientras yo una vez mas despertaría,
con la luna otra vez platicaría,
por que bajo el sol vano todo lo sería.
****

Mª HORTENSIA...

Allá muy lejos, pero muy lejos donde el infinito
se acaba, diría casi al borde del universo,
al filo de la realidad, he soñado encontrar
una estrellita a la cual yo le llamaría
Mª Hortensia. Me complace saber que ella sería
muy blanca y no plateada como las demás estrellas,
galaxias y constelaciones del universo entero.

Sucedería por que ella habrá nacido
de una encantadora Doncella virgen
y pura de corazón, mente y cuerpo.

Por cierto he observado con obsesión las estrellas
desde que era un chiquillo, y he llegado
a la conclusión que mi estrellita lejana
¡sería la más bella entre las bellas!

Su sonrisa sería como la tierna y fragante
flor de la primavera, y su luz penetraría
a las más duras almas e incluso iluminaría
al infinito entero; creo que hasta los ángeles
celestiales en su luz se bañarían para lucir
alas más blancas y halos muy radiantes.

Sé que en la Tierra los amantes de las estrellas
de la bella noche obscura, compartirían
mi sentimiento; hasta por momentos se olvidarían
de la inmensidad del gran Orión,

de la belleza pristina de Cassiopeia,
de la magnífica luminosidad de Sirio,
y de la perfecta simetría que existe
en la Osa Mayor, Pléyades y Libra.
Sin embargo, ninguna de estas maravillas
de la creación sentirían envidia alguna
hacia mi Mª Hortensia por que ella
su luz con todas compartiría.

Mi estrellita adorada sería para el cielo
lo que el *agua* es para el mundo viviente,
lo que el *amor* es para el corazón que sueña,
lo que un *beso* y caricia son al cuerpo cuando se ama,
y lo que un *verso* es a el alma que está triste.

Sin ella el universo sería opaco con
estrellas tristes y carentes de luz propia;
creo que hasta la Luna y el Sol de mí
se esconderían por que sabrían mi tristeza
sería un profundo vacío sin fondo,
totalmente inerte, falto de luz que iluminara
mi vida y razón de ser… y pobre de mí,
¡como morir cién veces!

¡Hay de mí! Mª Hortensia… Una estrellita
muy lejana y difícil de obtener, alcanzar,
pero se dice que el que deja de soñar
muerto en vida sufre; también la imaginación
cesa de existir. Lo decía el gran sabio Einstein,
que es bueno saber mucho, pero el conocimiento

es limitado mientras que la imaginación
no tiene límites. Ejemplo clásico lo es el gran
Don Quijote de la Mancha quien luciendo
su armadura de Caballero Andante hasta
con los molinos se peleaba por ser feroces enemigos...
Pero el mundo lo juzgaba loco... Le envidio.

Sé que hay que mantener los pies firmes
en la tierra, pero soñar no cuesta nada;
es cuestión de estar preparados
para todo cuando despertemos
a la tosca y cruda realidad...

Mi estrellita es ese sueño, o quizás también
loco estoy. Ella engalanaría el nombre
de la autora de mis días, mi tesoro, mi carne,
mi sangre, mi todo; también sería nombre
digno del fruto del vientre de su autora...
Pero el universo espera, allá muy lejos,
pero muy lejos donde el infinito se acaba...
al filo de la realidad...
****

Manuel Silva

A DON JAIME SABINES (1926-1999)

(Con respeto y admiración a un gran poeta)

Me hubiera gustado tener el privilegio
de haberle conocido y escuchado
de sus labios su poesía,
hecha para todos: el alma, el enamorado,
el más tonto o más culto, el menos dotado,
o el más inteligente; en fin, poesía
para el tío, la chusma, el doctor,
el chofer, Einstein, el loco, señor,
señorita, político, incrédulo, o fanático, ¡para todos!
Hasta para el "Príncipe Cáncer".

Usted se fue cuando apenas lo conocía
en su bello libro *Recogiendo Poemas*,
donde conocí a la pobre de su Tía,
la Chofi, y a su padre el Mayor Sabines,
poema que me costó lágrimas por su dolor…
Y no se diga de su bellísima poesía
Me Encanta Dios, de mucho colorido,
y creo la más sabia que jamás yo haya leído.

Ya es Usted un gran e ilustre poeta
de nuestro querido México… Se ha ido,
y pienso que Usted no tocó la puerta
allá en el Cielo: le recitó, se abrió,
y su querida Tía Chofi lo recibió…
Maestro, a pesar de su ausencia, nos ha dejado
Usted en su poesía un gran legado
para toda la vida… gracias Señor Sabines.
****

Una Historia
y una Canción...
POESIA
Micasa...

Manuel Silva

UNA HISTORIA...

Hasta aquí llego con la rima y el verso. Me resta en forma de prosa hacer un relato de una experiencia personal bastante traumática, que a la fecha cambió mi manera de pensar. Me atrevo a admitir que el haber leído una bellísima y a la vez muy triste poesía del Maestro Sabines, titulada *Algo Sobre la Muerte del Mayor Sabines* me inspiró a escribir este relato. Claro, mi historia no será poesía, eso es sólo para maestros como Don Jaime; entonces me limito a la prosa. Además, la crisis que en este momento pasa una compañera de trabajo, Linda, también me causó la inquietud de exponer este testimonio.

Mi historia es de una batalla campal con un feroz, terrible y temido enemigo: el "Príncipe Cáncer" como lo llama Don Jaime Sabines. No pretendo aquí alentar esperanzas vanas de curación ya que esto es de Dios y los doctores; ni tampoco pretendo acercar a la fe cristiana a quienes aquí lo lean; eso es de quienes sinceramente creen en Dios. Sólo quiero dejar plasmado un punto a mis hijos y a quienes tengan paciencia de leer esto: el de no dejar de luchar bajo cualquier circumstancia adversa. Hay que pelear hasta el último momento, hasta que todo recurso se haya agotado; creo que de veras el último recurso agotado es la misma muerte. Relataré esta guerra personal desde mi punto de vista o *Desde Mi Ventana,* como título de este libro, y enfocado a la crisis física y mental contra el "Príncipe Cáncer".

Todo empezó, y con claridad recuerdo, un 26 de octubre de 1984, pasadas las 9 de la mañana (y vaya la ironía, en el cumpleaños de mijo Manuel Jr.), en San Diego California mientras servía a mi país en los *Marines*. Era un día típico en mi oficina cuando repentinamente un dolor crónico de espalda se agudizó al grado de tumbarme al piso. Después de haberme levantado, no sé como, pero de cualquier manera llegué a mi coche y fui directamente a el Hospital Naval de Balboa. Todavía hasta ese momento pensé que esto pasaría a ser una trivialidad después de una buena consulta con los doctores.

Sorpresa. ¡Y vaya la maldita sorpresa! Primero un doctor me revisó e inmediatamente le habló a su jefe, el Dr. Fernholz, jefe de clínica; después de más de una hora de apretones, palmeadas aquí y allá, y miles de preguntas el doctor mandó llamar a otro doctor. Repentinamente en el consultorio habría ya más de cinco doctores cuando el jefe de todos sin aviso alguno me dio la tan desagradable sorpresa: "Teniente, tienes cáncer... Es maligno y está avanzado; tendrás que internarte inmediatamente para una biopsia del tumor..." Creo que en ese momento se me apagó el cerebro, entré en *shock* y repentinamente lloré como nunca. Se me acabó el mundo, quería golpear a todos ellos; de plano no lo quería creer. ¡No es posible! ¿Por qué yo? De veras que el mundo se me vino encima en ese momento... Las barras de oficial de marina que antes con orgullo portaba se me hacían tan insípidas en ese momento; las detestaba al igual que a Dios y toda humanidad. Ahí empezó el suplicio físico y hasta la fecha ciertos malestares todavía me persiguen; pero estar vivo vale más que nada ¡y la dulce victoria contra el cruel y horripilante enemigo!

A partir de ese día el dolor pasó a ser mi fiel compañero y mi todo; ah ¡*pinchi* dolor! Gritaba como nunca en mi vida. Habría momentos en que me amarraban de los postes de la cama para no dañarme. La morfina era inyectada, pero sólo cada cuatro horas, y entre mas me suministraban el lapso de alivio era menos. Llegó al grado que de cada cuatro horas de dosis ya nomás me duraba el efecto menos de la hora, siguíendo tres de terror, tortura, hasta que un día mi fiel doctor, el Doctor Guzley, giró la orden a mi enfermera de suministrarlo intravenoso. Después de todo el tumor de diez centímetros atrás del estómago empujaba a este y los riñones hacia los lados causando un dolor indescriptible. Ya después descubrirían que estaba yo totalmente invadido de tumores, en el hígado, los pulmones, y uno de dos centímetros pegado a la aorta. Según mis doctores, el tratamiento de quimoterapia en ese entonces conocido sólo me garantizaba máximo cinco y medio meses de vida. Habría de someterme a uno experimental con platino líquido administrado por el Dr. Einhorn desde la Universidad de Indiana. Gracias al Señor y a el talento del Dr. Einhorn, autor de esta química, vivo para contarlo.

Pero volvamos al dolor y suministro de morfina intravenosa; ya después elaboraré del trauma de la quimoterapia. El Dr. Guzley, y pienso que bajo criterio de misericordia por el intenso dolor, me sometió a morfina intravenosa. Una experiencia única debido a que definitivamente este procedimiento me eliminó todo dolor, pero perdí todo concepto de la realidad; sentía que observaba el mundo desde dos agujeros dentro de una caja de zapatos; a mis semejantes los observaba como bichos raros, como si fueran de un zoológico, en camara lenta, y yo sentía que el mundo era como visto desde una revista de caricaturas... Hubo un momento que sentí una fuerte sensación de suicidio, intenté quitarme las agujas de mis brazos para lanzarme *desde mi ventana* del sexto piso al vacío para salir de mi miseria; pero el cuerpo no respondía, y más me desperaba no lograr mi propósito. De cuando en cuando caía en delirios psicodélicos en multi-color de perros enormes que mordían mis brazos a grandes trozos y me causaban risa más que dolor. Este episodio no recuerdo cual fue su duración ni como concluyó; como que aquí se me borró el *cassette*.

Llegaría mi tortura con la quimoterapia, pero eso sí, el dolor era menos, quizás por la reducción de los tumores. Sucede, como lo decía mi querido Dr. Guzley, era veneno para el cuerpo pero administrado a su máxima dosis sin causarme la muerte. Era un tratamiento experimental y sumamente agresivo que prometía darme una sola oportunidad contra el "Príncipe Cáncer". Era mi único y último recurso para vencerle. Puesto que mis tumores eran múltiples, grandes y situados en órganos vitales, y además que era quimoterapia experimental, no había datos ni promesas para decir que la quimoterapia lograría su objetivo. Además que cuando el Dr. Einhorn lo considerara adecuado, sería sometido a cirugía exploratoria para extirpar la mayor cantidad posible de tumores.

En fin, era una guerra sin tregua y tipo guerrilla: esperar y esperar. Pero mi lema era "a la batalla doctores". Sería una guerra mortal, sin un segundo lugar. En este momento estaba dispuesto a luchar por mis hijos— deseaba verlos crecer, y de ahí en adelante a ellos llevaría como mi estandarte. No habría paz. Pensé que si habría de morir sería peleando y no lamentándome. No fue fácil por mí mismo y tenía que recurrir al Todopoderoso para refugiarme en sus brazos cuando veía dura la situación… ¡No fue fácil!

¡Y vaya que pelea! El enemigo inmediatamente se posesionó de mi cuerpo: perdí sesenta libras de peso dentro de un lapso de ocho semanas, me vejó haciéndome perder toda mi cabello, pero lentamente como para humillarme, y finalmente me volteó el estómago al revés haciéndome vomitar todo el tiempo que estaba consciente. Creo que esto fue una tortura a fuego lento; ya hasta pensaba que el remedio era peor que la enfermedad. También de cuando en cuando era atacado por fuertes espasmos de hipo que eran imparables al grado de sofocarme y perder control. Y por si fuera poco, después del primer tratamiento (fueron cuatro, con dos semanas de desintoxicación cada uno), llegaron a mis oídos fuertes sumbidos con todo tipo de aberraciones: ruidos de pájaros, cascadas de agua y hasta sirenas de ambulancia que a la fecha mantengo; son horribles, pero ya me he resignado a vivir con ellos. En fin, admito que dentro de cada tratamiento sentía una enorme desesperación y los pensamientos negativos llegaban con suma fuerza. Era el continuo y odioso vómito que me desesperaba.

El dolor de los tumores también amenazaba, pero ahí estaba la potente morfina aunque esta vez no intravenosa sino cada cuatro horas, o cuando yo la exigiera si el dolor me doblegaba. Era mucha y contínua la desesperación. ¡En ocasiones sentía que mi enemigo era más poderoso! Pero sacaba mi estandarte (mis hijos) por delante, o si de plano las veía muy mal corría al Creador como todo niño corre a su padre cuando sufre o cuando lo asustan con el "chamuco". Aparte de mis hijos que siempre llevaba en mi pensamiento, no había poder humano o palabras que me consolaran.

Después de pelear con la quimoterapia, seguiría una batalla sanguinaria con cirugía exploratoria, singular y llena de sorpresas. Un día antes de cirugía, cuatro equipos médicos y uno a la vez (cardiotorásico, urología, anesteseología, y cirujano general, todos bajo el mando del Dr. Fernholz), me hicieron firmar línea tras línea de los riesgos que la cirugía podría tomar. Recuerdo una línea que me daba 20% de mortalidad por hemorragia interna, otra 20% por causa de fibrosis pulmonar, y un tanto por ciento aquí y uno allá. Recuerdo que sentía que estaba firmando mi pacto con la muerte, y no un documento legal para que mis sobrevivientes no demandaran al gobierno. Salí de esas mini-conferencias totalmente abatido como si mi enemigo iba a triunfar--- Pero sacaba mi estandarte y corría despavorido a los brazos de ese Gran Padre.

Esa noche se juntaron en mi cama de hospital toda la familia y amigos con la notable excepción de mis hijos a quienes nunca les permitía verme en el hospital--- yo no quería dejarles ingratos recuerdos por si mi enemigo me vencía. Esa noche platicamos, oramos, y lloramos. En sus caras miraba más tristeza que esperanzas. Creo que mis padres sufrieron más esa noche que yo. En mi madre observaba una fuerza descomunal y hasta cierto punto fingida, pero a mi padre lo notaba abatido y no hablaba, sus ojos lo decían todo. Yo pensaba que era mi última reunión en esta Tierra con todos ellos. Cuando en esa noche se despidieron de mí, ya estaba resignadísimo a lo que pasara. Ya estaba muy cansado y sentía al enemigo muy fuerte. Quería un descanso o una tregua con el enemigo. A pesar del calmante no pude dormir esa noche, sentía miedo y me sentía solo en este mundo. Esos porcentages que firmé me hacían muy débil. Pero sacaba de nuevo mi estandarte y corría al Señor, como cuando el cachorrito asustado corre a su mamá leona cuando la hiena lo acecha.

Llegaría la hora. Serían las cuatro de la mañana y puntualmente cuando la dedicada enfermera me levantó a prepararme para cirugía. Creo haber dormido un par de horas. Ella notaba mi nerviosismo y me trató con mucho esmero. Ella era la esposa de un colega y amigo capitán de la marina. Antes de subirme a la cama de rodillos que me llevaría a la sala de operaciones, me dió un tranquilizante fuerte puesto que me relajó inmediatamente. En eso sentí que se movía la camilla a su destino, y cerré los ojos todavía con algo de miedo. Poco antes de entrar al elevador sentí un apretón en mi brazo... Era el Pastor Peach de la iglesia Chula Vista; y vaya sorpresa, ¡eran apenas pasadas las cuatro de la madrugada! y a esa hora no permitían visitas y mucho menos antes de cirugía. Sentí alegría en verlo en esos momentos. Caminaba él a un lado de la camilla y recuerdo que en el elevador sus labios se movían orando por mi causa. Después de la oración me miró intensamente directo a mis pupilas y dijo lo que nadie antes se había comprometido a decirme: *"Manny, God tells me you are going to be healed..."*--- ¡El Pastor Peach se comprometía a decirme que me curaría!--- Cerré los ojos y ya no desperté, el relajante hacía su efecto, pero dentro de mí sentía que ya no despertaría en la Tierra.

Todo se volvió un color negro, más negro que la obscuridad misma. Lo siguiente que me pasó fue como en las películas. A lo largo de un túnel muy negro y espeso veía un luz muy blanca y figuras que se movían, también muy blancas y escuchaba de ellas "Meny... Meny... Meny... despierta Meny..." Las voces eran bellísimas, tiernas, melódicas. Pero yo no quería ir a ellas... ¿Para qué si estaba muy a gusto en este espeso negro túnel y además no había dolor? Pero no fue así, el túnel se movió con una rapidez súbita y me jaló hacia afuera como ráfaga de huracán. La primera persona que vi al salir de este túnel fue la señora Alacios, y notaba que sus labios se movían rápido como en oración; en ese entonces me di cuenta que después de diez horas y media de cirugía todavía estaba "vivito y coleando"--- pero ahora de dolor. Noté a un lado de ella a mi querido Dr. Fernholz con los ojos más rojos que los del carbón en brasas y su cara muy pálida viéndome atentamente. Con movimientos de mis agujerados y flaquísimos brazos le hize ademanes indicándole que me dijera que pasó. Me dijo, "¡*you made it Captain!*" Como yo no podía hablar gracias al tubo que respiraba por mí dentro de mi tráquea, con ademanes le pedí que se acercara y con un medio apretón de manos le di las gracias. Su sonrisa se grabó en mi mente como un retrato para toda la vida. Acto seguido fueron convulsiones de terribles dolores de pecho, espalda, y cabeza. Sentía como si me acababa de arrollar un tren... Pero estaba vivo con tubos, mangueras, y agujas por doquier mientras setenta y dos grapas adornaban mi esquelético pecho. Se me hacían grotescos los dos tubos que salían de mi pecho llenos de líquidos, un rojo y el otro claro. Pero en fin, estaba vivo.

La crisis no acababa ahí en terapia intensiva. Se me complicó todo cuando los pulmones se llenaron de agua, uno 100% y el otro mas o menos al 50% según mi doctor. Seguía la tortura de cinco minutos de dormir dentro de cada hora hasta que saliera de la crisis. Dos enfermeras me cuidaban y se aseguraban que no durmiera dándome cachetaditas en mis sumidas mejillas. Cada hora era un tratamiento que consisitía de meterme un tubo en la nariz el cual usaban para jalar líquido hacia fuera… ¡Qué tortura! Creo que esto duró dos días al grado que yo ya me peleaba con todos por que me dejaran dormir. Pero mi querido Dr. Fernholz esta vez me regañó duro diciéndome que era una lástima que después de todo lo que ya había aguantado ahora fácilmente me rendía. Pero todo lo que yo quería era dormir… ¡El sueño era insoportable! En esta crisis, como en el de la morfina intravenosa, perdí todo sentido de la realidad y momentaneamente perdí mi estandarte y hasta se me olvidó que al Creador todavía yo le importaba. Aún así sobreviví esta crisis de pulmonía fulminante e insoportable fiebre.

Despúes de dos semanas en terapia intensiva, me mudaron a la sala de recuperación otras dos semanas más, y rodeado de muchos enfermitos. Todavía no sabía los resultados de la quimoterapia. Pero recuerdo con mucha alegría uno de esos días de reposo, cuando sentado en mi silla de ruedas, mi madre a un lado y la madre de mis hijos en el otro, aguardábamos con ansias al Dr. Guzley con los resultados de laboratorio. He aquí lo humano y bellos sentimientos de este doctor. Casi corriendo, con un sobre en sus manos y en alto, llegó directamente hacia mi madre, y con enorme júbilo abrazó a las dos, y entre lágrimas y risas les dio la grata sorpresa: la quimoterapia había dejado "necróticos" los tumores extirpados. Aunque no habían podido extirpar los del hígado y el de la aorta, aún así había esperanzas de que ya no se desarrollaran. Sería cuestión de tiempo y seguimiento continuo en los siguientes diez años.

En este episodio sentí que volvía a nacer, que habría más amaneceres para mí. Antes de tan bella noticia tenía mucho miedo ver los ocasos por no saber cuantos mas observaría. En cada atardecer sentía una enorme urgencia de correr al sol para inmobilizarlo, como si así pudiera detener el tiempo. Pero ya no habría que temer nada; ahí, desde mi silla de ruedas en el hospital me percaté que ya tendría mas tiempo para admirar las estrellas, llevar mi estandarte muy alto y velar siempre por mis hijos. Dimos gracias a Dios en ese pasillo de la sala de recuperación, y como pude le di mil gracias al Dr. Guzley. Acto seguido lo abrazé y lloré (me costó mucho trabajo escribir este renglón).

No podría concluir este testimonio sin dar las gracias a mucha gente bonita que me apoyó en toda esta crisis. Claro, primero a **Dios** por darme una oportunidad mas de seguir admirando los ocasos y las hermosas estrellas; a mis padres, **Hortensia** y **Manuel** (el "Caballo"), porque sé que sufrieron mucho más que yo, y sin duda alguna hubieran cedido su lugar por el mío; a la madre de mis hijos, **Lucy**, por su virtuosa paciencia, positivismo, y esmeros; a quienes sufrieron callados y con cierto dejo de inocencia, mis hijos **Manny Jr.** y **Hugo**; a la **Sra. Alacios** y amigos **Tony** y **Esther**, por su fuerte apoyo espiritual y el hecho de estar ahí en tiempos duros; al **Pastor Peach** por su enorme fe y por haber estado conmigo en el momento más crítico, en el elevador, cuando yo pensaba que ya no despertaría en el quirófano; a mi entonces Teniente Coronel y **Comandante de Batallón**, por su apoyo en no haber suspendido mi promoción a capitán a pesar de mi enfermedad; a mi **Madrina Tichi**, prima **Angie** y su **bebita** por haberme visitado hasta San Diego y haberme traído palabras consoladoras de mi querida **Mamá Fina**; a mis tíos **Héctor** y **Marcela** porque mantenían continua comunicación sobre mi estado; y por último a todos mis doctores: el **Dr. Guzley** porque mostró que detrás de un doctor también hay un ser humano dedicado a salvar enfermos; al **Dr. Fernholz** por su admirable dedicación durante cirugía y terapia intensiva; al **Dr. Einhorn**, que aunque nunca lo conocí en persona admiro su talento médico, pero sobre todo por su quimoterapia que me curó; y por último al **Dr. Sierra**, quien diez años después de esta crisis me dio de alta y me dio las gracias por haber sido parte del grupo experimental del Dr. Einhorn.

Me resta decir que en mis hijos soy feliz y con ellos vivo el triunfo de la gran batalla contra el "Príncipe Cáncer". Fueron ellos mi estandarte y Dios mi escudo.

La canción *Amigo* que sigue esta historia es en agradecimiento al Creador, y también la dedico a toda esta gente bonita.

AMIGO

```
A        B              E
```
No te dejes engañar, amigo,
```
      A         E
```
que'l cielo hizo Dios,
```
      B                    E
```
para ti, para mí y todo humano.

```
E
```
Allá en el cielo hay estrellas

muy bonitas y brillosas,
```
          B7
```
que Dios hizo.
```
    F#m
```
sólo tienes que buscarlas
```
     B7
```
allá arriba, allá arriba,
```
     E   E7
```
mi amigo.

```
A        B              E
```
No, no dejes de mirar, al cielo,
```
       A           E
```
que la estrella de tus sueños,
```
     B                 E
```
hizo Dios para ti y todo humano.

```
E
```
Si algún día pierdes toda la esperanza
```
                B7
```
mira arriba mi amigo.
```
     F#m                      B7
```
Busca arriba la estrella de tus sueños
```
                   E   E7
```
sólo arriba allá en el cielo.

```
A        B              E
```
No te dejes engañar, amigo,
```
      A          E
```
que'l cielo hizo Dios,
```
     B                    E
```
para ti, para mí y todo humano.

E
Aquí en la Tierra todo mundo se pelea,
                            B7
y hacen guerra todo el tiempo.
        F#m   B7
Se pelean por dinero, por señoras,
                    E   E7
por el vino y es un asco.

A   B   E
No, aquí no encontrarás, el alma,
            A   E
que'n la Tierra hacen guerras,
        B   E
hay ozono, terrorismo y mucho SIDA.

E
Cuando yo me muera quiero irme
                B7
a mi estrellita adorada.
        F#m   B7
Quiero amarla, y tocarla, y besarla
                    E   E7
para siempre, mi amigo.

A   B   E
No te dejes engañar, amigo,
        A   E
que'l cielo hizo Dios,
        B   E
para ti, para mí y todo humano.